땅끝에 서면

지성 · 감성의 메타언어
조선문학시인선 · 325

땅끝에 서면

이 외 단 시집

조선문학사

■ 책머리에

첫 시집 『그리움도 사랑이어라』에 이어 『땅끝에 서면』을 두 번째 시집으로 상재한다.

멎을 줄 모르고 내리는 장맛비. 그리고 여기저기서 몸통을 들이미는 곰팡이들, 지금 땅끝은 불청객으로 몸살을 앓고 있다.

자의반 타의반 땅끝은 그렇게 휘둘려 가고, 나는 그들의 무리에 합류치 못한체 먼발치에 서 있다.

과연 땅끝은? 끝인지? 시작인지?

다만 길손의 그 속내가 궁금할 따름이다.

2012년 初夏

땅끝마을 시인

笑多 이외단

땅끝에 서면

제2부
땅끝에 서면

제3부
세월

제4부
시집 평설

제1부

모르리

엄 마

자르르 윤기 흐르던
쪽진 머리 희끗희끗하더니
파뿌리 되었다

자글자글 주름진 얼굴
그리움이 가득하여
구수한 사랑냄새 아직 은은한데

손등에 돋아 시들어진
검버섯 꽃들 어룽져
굽이굽이 한 많은 세월

잃은 자식 가슴에 묻고
탯줄 끊던 앙당한 그 모습
가끔 흐릿한 눈빛으로

먼 하늘 바라보시던
남리댁 우리 엄마
새악시 웃음은 어디로 갔나

어머니

오늘 하루를 어떻게 보내셨는지요

회색빛으로 덮인 하늘을 하염없이 바라보셨는지요
칼바람으로 감싸진 들길을 외로이 걸으셨는지요
그도저도 아니면 가슴속 한 이기지 못해
또 그렇게 눈물로 누우셨는지요

당신 가슴속에 검은 물보라가 멈추면
얼굴위에 맺히는 이슬방울도 멈추어 질는지요
당신 피부에 검버섯꽃이 만발하면
당신 기억도 희미해 질는지요

어머니
가버린 아이가 그리도 그리우신가요
아직도 서성이는 바람소리에
그 아이의 목소리가 들리어 오는가요
꿈속에서라도 꼭 한번만 보고파
밤마다 그 아이의 이름을 부르시는가요

어머니
이제는 다 잊으시고
당신을 위한 삶을 살으실 수 없는지요
가슴속 모든 아픔 다 지우시고
그냥 그렇게 지내실 수는 없는지요

사랑하는 어머니
당신을 보는건 아픔입니다
주름진 얼굴 쳐진 어깨
좁아진 품안 휘어진 허리
당신의 흐르는 눈물까지도

부족함 투성이인 못난 딸은
오늘도 당신 가슴에 흐르는 물소리 때문에
긴 밤을 하얗게 지새려 합니다

한다발의 국화꽃을 바치며

이제는 울지 않으려 했는데
세찬 바람이 불어와도
거센 눈보라 몰아쳐도
사나운 소낙비가 내려도
다시는 울지 않으려 했는데

한기로 가득한 건물 한귀퉁이
선반위에 차가운 너의 모습
싸늘한 얼굴 위로 흐르는
얼어버린 작은 미소

풀꽃 같은 너의 얼굴 위로
호수 같던 눈동자 빛나고
박꽃 같은 웃음 보이려 하는데
눈가에는 또 이슬 맺힌다

언제 보아도 한결같은 모습
솔바람처럼 스치는 네 목소리
세상의 어떤 유혹도
나 몰라라 외면한체
그자리 그곳에 앉아 있는 너
오늘은 절대 울지 않으려 했는데

이도(異道)

여덟 살배기에
따라 가마
울부짖음에

데려 가 주마
답 줄 수 없는
마흔 셋의
통한(痛恨)의 어미

숨겨둔 사진

혹여 누가 볼세라
숨겨 둔 홀씨 하나

서츠는 아련함
미소는 스물 여덟

추억은 멈춰진 기억
아픔은 지워진 이름

너는 오늘
비로 내리고
나는 이 밤
나무로 서 있다

비 맞은 유월의 아침

영원을 꿈꾸는 건
루드베키아 뿐인가 하노라

마흔 여섯

2006
되돌릴 수 있다면
기꺼이 그리하고 싶다

짐승들의 포효
철새들의 날개짓
귓전에 맴도나니

나 이제
부끄러움에
머물곳이 어디멘지

잘못 찬 명표로
직함을 받았기에
실바람 스침에도
우수수 떨어졌다

부끄럼에 흔들렸고
배신감에 나부꼈는데

이제 보내련다
그냥 그러려니
며느리란 이름이기에

수수방관(袖手傍觀)

그냥 걸었다
나작나작
날이 밝아오든
밤이 찾아들든

그냥 걸었다
참방참방
시간이 밀려가든
세월이 달아나든

그냥 걸었다
처벅처벅
산이 뭉개지든
강이 넘쳐나든

그냥 걸었다
성큼성큼
하늘이 무너지든
대지가 솟아나든

그냥 걸었다
쿵쾅쿵쾅
우주가 생겨나든
지구가 사라지든

팔짱 낀
검은 모자 하얀 마스크는
오늘도
나 하나뿐이었다

불치병

이렇게 스산한 바람이 불면
걷는 걸음마다 낙엽이 지고
가슴 속엔 진눈깨비 내립니다

가을은 떠나지 못해 머물러 있고
겨울은 다가온지 오래이기에
지난날 수취인 불명으로 반송된 편지를
낙엽위에 태워봅니다

속절없이 스러져가는 검은재 위
작은 미동에 놀랍니다

아직도 노을빛으로 남아있는 이름
그리움

무덤까지 가져갈 불치병입니다

도무지

으악새 흔들림에 끌려 들길을 걷노라면
굿거리 장단에 농부가 들려오고
휘감기듯 이어지는 어머니의 노랫가락
지난날 애끓음에 타버린 가슴은
끊어질듯 끊어질듯 가쁜 음을 토하고 있다
도무지 알 수 없는 흥얼거림으로

가는 봄 여름 보내고
가을마저 버렸을진데
무릎팍에 머문 햇살 잡아두는 속내는
사계절을 모두 갖고자 하심인지
도무지 알 수 없는 사랑 방식이랴

바람은 머리카락으로 그네를 타고
새들은 하나 둘 널뛰어 보라 하는데
햇살은 자꾸만 당기며 앉아보라 한다
도무지 알 수 없는 공존 속에서
나 오늘 들길을 걷고 있다

꿈속에서

바람 불어 차가운
어느 밤이었던가
낯선 이들과 함께 하였던 그 시간
나의 목소리 그들의 대화에 끼어들어
넋두리 마냥 내뱉었던 단어들

태산 같았던 나의 꿈
물거품 되어 떨어질 때
내 가슴에 비수로 꽂혔던
가까운 이들의 야유와 비웃음은
나의 몸뚱이와 정신을
비애의 수렁으로 밀어 넣었지

그리고 그 밤 나의 독백은
먹구름 속을 파고들어
별에게 전이 됐지
후회와 어둠이 교차되는 순간
긴 한숨만 내 곁에 남았지

부풀었던 나의 가슴은
부서지고 깨어지고
찢어지는 고통을 감수하게 했지
하지만 그날 그 술잔은
나의 한숨을 잠재워 버렸지

유년의 추억

산속 오두막집엔
모깃불 피어 오르고
소녀들은 그렇게
날새는줄 몰랐다

멍석위에는
옥수수 고구마
밤하늘엔 작은별
소녀들은 이마를 맞대고
동화속 왕자를 그리고 있었다

견우와 직녀의
그 은하수도
누구네 집 멍멍이도
소녀들과 함께였다

저별은 나의 별
저별은 너의 별
새벽별이 뜨기도 전에
새날이 밝아 왔었다

그때 함께했던 소녀들은
먼 옛날의
동화속 얘기가 되어
유년의 기억속에서 웃고 있다

밤하늘에 작은 별이
별똥별로 떨어질 때
꿈으로 가득했던
그 소녀들도
별똥별이 되어 흩어졌다

첫날의 설레임

푸르름 넘치는 자연을 향해
받는 이 없는 편지를 쓰고픔과
은행잎의 노란 눈물이 기다려짐은
나 아직 철이 덜 들어서인가 봅니다

길 건너 빠알간 우체통에
내 이름 석 자가 적혀있는
예쁜 엽서가 들어있을 것만 같아
집배원 아저씨가 기다려짐은
나 아직 젊어서인가 봅니다

깊은 밤 귀뚜라미 울음소리가
희망의 응원가로 들리는 것은
절망하기엔 아직
이르기 때문이 아닌가 합니다

이기주의로 팽배해진 사회
끝이 없는 수렁으로 빠지는 경제
하지만 지친 어깨 서로 기대며
지하로 내려가는 기차에서
새벽으로 향하는 비행기로
바꿔 타보고 싶습니다

하면 된다는 선인의 뜻 믿으며
내일의 평온함을 위해
가슴 가득 희망의 꽃등을 달고
오늘의 최선을 다하고자 합니다

가을 산의 화려함보다도
황금 들녘의 오묘함보다도
더 위대한 인간이기에
우리의 미래는 행복만 있을 뿐입니다

어느 날 문득

잘 가꾸어진 도로변 꽃밭을 보고
아! 예쁘다
완도 가는길 조각품을 보고
와! 멋지다
청자골 가는 길에
허수아비 인형들을 보고
야! 이색적이다
멀리 가까운 듯 숨어 있는 섬을 보고
아! 가보고 싶다 했을 때

무슨 의미인지
그 사람은 알고 있을까

어느 날 문득
은빛 파닥이는
바다가 그립다 했을 때
그리운 이가 생각날 때마다
가슴 한켠 쓸쓸함이 스며들 때
잠시 머무를 안식처가 필요할 때

낙엽을 떨구는 비가 내리면
눈가에 이슬이 맺히는 것을
다시 태어나면
꼭 해보고 싶은 사랑이 있다는 것을

그 사람은
그 사람은 정말 알고 있을까

오늘은

새벽이면
비질하는 소리에
눈을 뜹니다
그리고 기도합니다
오늘 하루도
인내와 지혜를 주시라고

아침이면
빨래를 하다말고
누군가를 생각합니다
비누의 거품처럼
사라져 버린 누군가를
비누 향기로
나에게 와달라고

가게 문을 열며
다짐 합니다
제발 오늘만은
웃으며 즐거워해야지
누군가를 만나면
상냥하게 웃어야지

우리는
무언가를 그리워하고
또 무언가를 아쉬워합니다
제발 오늘 하루만은
향기로 가득 채우는
그런 날이고 싶습니다

희망사항

이른 아침 새소리와 함께
온갖 잡념 잊고 기도하게 해주소서

떠오르는 태양처럼
세상을 밝히는 빛이 되게 해 주소서

나를 아는 모든 이들이
한 점 부끄럼 없이 살아가는 사람으로 기억하게 해주소서

한마디의 말, 한 번의 행동도
생각 또 생각하게 해주소서

어제를 후회하지 않고
오늘을 부끄러워하지 않게 해주소서

지난 잘못을 반성 할줄 알고
내일은 같은 과오를 저지르지 않게 해주소서

즐거울 땐 아기처럼 활짝 웃고
슬플 땐 가장 슬피 울 수 있게 해 주소서

순간에 잘 적응하며
내 것으로 만들어 쓸 수 있게 해주소서

언제나 교만하지 말고
늘 겸허하게 살게 해주소서

길

눈이 시려 볼 수가 없어요
파아란 하늘은

마음이 아파 딸 수가 없어요
주홍빛 연시는

가슴이 아려 볼 수가 없어요
빠알간 동백꽃은

눈물이 흘러 갈 수가 없어요
그 바닷가는

움직이지 않아 걸을 수가 없어요
잔인한 그 길은

모르리

내가
무얼 보고 싶어하는지?
잡히지 않는 그림자를
왜? 잡으려 하는지?
바람으로 흩어지는 영혼을
왜? 모으려 하는지?
눈물만 남겨준 아이를
왜? 못잊어하는지?
불러도 답없는 이름을
왜? 목이 쉬도록 부르는지?
감겨져버린 눈동자를
왜? 사무치도록 그리워하는지?
절대 돌아올 수 없는 영혼을
왜? 기다리는지?
언제 어디서 스치듯
달빛을 벗삼아
그렇게 올것같아
영원히 잊을 수 없음을
아무도 모르리

절 규

들어 봅니다
조심스럽게
아주 조심스럽게
누군가의 흐느낌을

다가서 갑니다
살며시
아주 살며시
누군가의 슬픔 속으로

파고 듭니다
찬찬히
아주 찬찬히
누군가의 가슴 속으로

함께 합니다
뜨거운,
아주 뜨거운
남은 자의 피 흘림에

절규 합니다
뼈저리게
아주 뼈저리게
남은 자의 찢어지는 아픔을

이제 날아 갑니다
가볍게
아주 가볍게
누군가에 영혼을 따라

유년의 아침

달구새끼 새복잠을 깨우면
울 엄매 뻗친 삭신 세워
정개에 촉꼬지 불 키고
비땅질로
아침밥을 짓는다

선잠 깬 아그들은
논새밭에 앉아
배차 볼가지를 찾는다

굴뚝에서 냉갈이 끓기면
샐밖에서 동상이 손꾸락질로
성아~
밥 묵어라

도래상에 도라앉은
울 아부지 한자리 하신다
손 깨까시 시쳤냐
온 아젹엔 솔찬히 잡었지야

이녁은 기엉치고
뒷등 감제밭 꼬랑에
지심 메고 있게

에마리요
지비는 어디갈라

잔등 하나부지 논
독세비고 올라네

그라고
느그들이 비민이 알어서 하겄냐마는
시방부터 핵교가면
선상님 이약 잘 들어야 쓴다잉

아~ 그리워라 그리워라
그 시절 그 아침
그 때 그 언어들

행 복

창문을 여노라면
상추잎 산야가
감기듯 보듬어 반긴다

멀리 마주한 하늘엔
그리운 얼굴 하나

나뭇잎 사이를
비켜가는 바람은
석류알처럼 속삭인다

오늘이 행복한 이유는
아름다운 추억 때문이라고

백년 뒤

백년 뒤

이 눈 맞으며
내 발자국 기억하는 사람 있을까

눈 속에 추억 더듬으며
날 그리워하는 사람 있을까

눈 위 발자국 새기며
내 이름 석 자 써보는 사람 있을까

먼 훗날 그때 내리는 눈은
깊은 속내까지 하얗기만 하여
가슴속 아픔 삭히는 사람 없어
온통 밝음으로만 넘쳐났으면

흔 적

내 나이 일곱살,
함박눈이 내리던 날
반가운 이가 찾아 들었다

뒤 당산으로
앞 들녘으로
등에 업혀 있었다

공기놀이 고무줄놀이
딱지치기 비석치기
늘 함께 했다

참꽃이 여리게 필 때
알밤이 가시를 세울 때
나를 지키고 있었다

다시 또
철부지 때처럼
참꽃을 따고 싶다

예고 없이 숨어버린
흔적을 찾아
따라 나서고만 싶다

육 신

머리는 무겁다
발버둥 쳐도
일어나지지 않는다
바위가 되어버린 까닭에

몸뚱이는 너무 크다
아무리 몸부림쳐도
줄어들지 않는다
집체가 되어버린 까닭에

마음은 더럽다
아무리 참으려 해도
약을 먹어야 한다
오염되어 버린 까닭에

기억은 무디다
잊으려 해도
잊혀지지 않는다
아픔이 깊은 까닭에

영혼은 차갑다
더운물에 담가도
따뜻해지질 않는다
심장이 얼어버린 까닭에

아
이내 육신을 어찌 할꼬

나 어렸을 적에

나 어릴 적엔 긴 머리 양쪽으로 당겨 묶고
흰고무신에 책보자기 허리에 메고
이십리 학교길을 잘도 걸어 다녔지

가끔은 토끼와 발 맞추고 노루와 달리기도 했었지
어느 계절인가는 대변봉투 받아 들고 화장실 앞에 줄을 섰구
매월 십오일이면 민방위 훈련이다 부산을 떨었고
밤이면 등화관제 시간이라고 불도 꺼야했었지

검정 고무신도 귀하기만 했던 그 시절
흰 고무신은 닳고 닳아 구멍이 뚫리면 엿과도 바꿀 수 있었지
초등학교 2학년 어린이날 받았던 맹꽁이 운동화는 지금도……

동네 언니에게 물려받은 교복, 그리고 하얀 칼라
한과목씩 사서 바꾸어 보던 완전학습 참고서
무덤을 배경삼아 찍었던 촌스러운 사진들

수업시간을 마치는 타종 소리
양철 필통과 양은 도시락의 딸랑거림 소리

양초 칠한 바닥에 허리 드러낸 채 마른 걸레질 하던 소리
반질반질 하던 교실 바닥에 미끄럼 타던 왁자지껄 소리

동네 어귀까지 따라 다녔던 지금은 잊혀진 상여소리
큰 굿 한다고 보러 다니던 무당의 혼 부르던 소리
그리고 언제부턴가 기억속에서 희미해져 버린 외할머니의 하얀 가제 손수건
그 속엔 온갖 먹을 게 다 들어 있었는데……

안개 자욱한 이 아침
친구들의 책상과 걸상이 그립다
지금은 어느 하늘 아래 어떤 모습으로
얼굴에 인생 줄 얼마나 그어 놓았을까

이 아침
단발머리 소녀들이 보고 잡다
그리고
내 외할머니가 몹시도 보고 잡다

나 아직은

지금 밖에는 겨울비가 내리고 있습니다
추적추적 내리는 빗속을 걸어 보고싶음은
나 아직 소녀의 감성이 남아 있음인가 합니다

도로 위를 자동차가 달리고 있습니다
씽씽 달리는 자동차를 따라 뛰어 보고 싶음은
나 아직 푸른 젊음이 남아 있음인가 합니다

선명했던 앞산이 구름 속에 묻혀 있습니다
보일락 말락 선명치 않은 저산을 올라보고 싶음은
나 아직 이루지 못한 꿈이 남아 있음인가 합니다

지난날 함께했던 친구가 몹시도 보고 싶습니다
꿈틀꿈틀 잊혀졌던 기억이 뜬금없이 떠오름은
나 아직 쓰디쓴 배반의 아픔을 모름인가 합니다

생 명

오늘도
하늘 위엔
오리들의 군무가 펼쳐진다

묵은 논배미엔
참새들의 합창이 시작되고
밤을 지새우며 한을 내 뱉던
소쩍새는 잠든지 오래다

제비는 강남에서 돌아오고
푸른 바다 위엔
물새가 파도타기 한다

지구는 만물들의
터전으로 거듭나고
모든 생명체들은
제 흔적 남기기에 여념이 없다

오늘도 난
홀로이 그들을 보고 있다

제2부

땅끝에 서면

그곳은

그리워 그리워서
목 놓아 불러 보았지
파도는 답이 없고
갯벌은 눈물이 없었지

너와 함께 했던 바닷가
물결은 그대로인데
너의 모습 찾을 수 없어
눈물만 흘러내렸지

아픈 가슴 부여안고
그 자리 찾아 갔건만
넘실대는 파도 위로
은빛 비늘만 파닥일 뿐
너의 형체 잡을 수 없었지

무심한 바람은
구름을 재촉하고
함께 온 사람은
나를 재촉했었지

또

이렇게 바람 부는 날이면
아스라이 스쳐가는 얼굴이 있다
지금은 볼 수 없는

이렇게 비님이 오시는 날이면
저 너머 속삭이는 소리가 있다
이제는 들을 수 없는

이렇게 찬바람은 스며오는데
내리는 비는 나뭇잎을 떨구고 있는데

시간의 한 귀퉁이에서
아직도 맴도는 이름
그리고 그 노래 소리

너의 얼굴이 보고 싶다
너의 목소리가 듣고 싶다

자연은 옷을 갈아입고
나또한 두꺼운 옷을 준비한다

세월은 나의 맘 외면한 채
이렇게 또 가을은 왔다

너의 집

그리운 나의 아우야!
따스한 너의 집을 지어 주마
훈훈하고 아늑하여
언제나 온기가 흐르는 그런 집을

번화가 보다는 한적한
아주 은밀한 곳에
너의 집을 지어 주마

이승의 쉼터가 아닌
저승의 안식처기에
동서남북 사방으로 문을 내어
온갖 산새 노래하고
삶에 지친 나그네
무거운 짐 벗어 놓을 수 있도록

세상사 싫어질 때
세상이 나를 거부할 때
나 혼자되어 가는 날
문 밖에 기대어 서서
웃음으로 날 반기어 다오

그리움 밀려오는 달 밝은 밤
별과 함께 널 찾아 가마
두 팔 벌려 반기어 주려무나

편 지

낙엽 떨어지는 밤이면
그리움 한가득 담아서
편지를 쓰고 싶다

작은 별은 낙엽을 즐기는데
난 그리움을 찾아서
받는 이 없는 편지를 쓴다

내 마음에 뒤안길에서
추억은 꿈틀거리고
그 옛날 기억들은 희미해져 간다

내 마음속에 그대는
지금은 낯선 이가 되어
그리움으로 남겨져 있다

그대의 이름도 목소리도
내 뇌리에서 지워진지 오래인데
이 밤 그대에게 편지를 쓰고 싶다

끄트머리

편지를 씁니다
수취인 불명의 편지를

노래를 부릅니다
아무도 들어주지 않는 노래를

그림을 그립니다
흰 종이 위에 까만 점을

허공을 헤맵니다
잃어버린 그 무엇을 찾고자

답 없는 편지
메아리 없는 노래
점으로 가득 찬 도화지

노을 속에 숨어버린 그 무엇을
난 오늘도 찾아 헤매는데

아, 그 끝은 어디메인지?

이 밤 너의 안부를 묻는다

지금쯤 어디서 무얼하는지?
내 마음에 내리던 비도
이제는 멈추고 있는데
이 밤 문득 너의 안부가 궁금하구나
긴 겨울의 터널을 지나
또한 여름의 철길을 넘은 것 같다

무심한 세월은 또 그렇게
속절없이 흐르고 있다
누군가를 온전히 잊는다는 것은
참으로 어리석음이란 걸
알게 되는데 일년이 흘렀다

나를 죽여 너를 볼 수 있다면
기꺼이 죽으리라고
몇번이나 다짐했건만
나의 곁엔
너 아닌 다른 이들이 있음을
감사하며 살련다

죽은자 보다는
살아있는 자가 더 소중한 것을

나의 동생 상제야
돌밭에 굴러도 이승이 낫다는데
잘 지내지
일년여 동안
내 가슴을 흐르던 비가
이제 멈춰야 하지 않겠니?
너도 도와주렴
잘 지내고 다음에 우리 만나자

당 신

언제나처럼
거기 그곳에 계셔야하기에
나와의 만남은
필연이었다하는 당신

내가 나무 위에 올라
뜬구름을 잡을 때
뿌리의 흔들림을
잡아 매었던 당신

내가 모랫길을 거닐면
자갈길을 기어다녔고
바람으로 흔들어 대도
산처럼 미동도 않던 당신

아득히 먼곳에 있어
육신은 보이지 않아도
넘치는 마음만은
내곁에 두셨던 당신

멀어져가는 가지들을
가슴으로 부르시며
애석한 눈물을
감추셨던 당신

이 밤
흩날리는 눈보라 속에
따스한 음성 들려오고
어둠이 더해질수록
더더욱 선명해지는 건
당신의 주름진 얼굴입니다

그대 오시려거든

그대 오시려거든
낙엽과 함께 오소서
오솔길 낙엽 밟으며
손잡고 걸을 수 있도록

그대 오시려거든
국화꽃 한아름 안고 오소서
수정 항아리에 꽂아두고
내내 볼 수 있도록

그대 오시려거든
갈바람처럼 오소서
떨쳐놓은 은행잎 주워
책갈피에 넣어두고 볼 수 있도록

그대 오시려거든
참새 따라 오소서
나, 허수아비 되어
그대 보낼 수 있도록

그대 오시려거든
나, 간 뒤에 오소서
그리움에 지쳐 쓰러진 내 모습
가여워 할 수 있도록

그렇게 오소서

사랑은

사랑이란
하염없는 아픔이다
가슴을 억누르고
심장을 멈추게 한다

사랑이란
이 시대의 요물이다
의심하고 투기하며
서로의 가슴에 상처를 남긴다

사랑이란
사막의 목마름이다
보고 있어도 보고 싶고
들어도 들어도 듣고 싶다

사랑이란
한그루의 꽃나무이다
틔워도 틔워도 틔우고 싶고
피워도 피워도 피우고 싶다

사랑이란
다람쥐의 쳇바퀴다
이별할 날을 기다리며
또 사랑한다

장미의 열정과
백합의 순결함을 강조하면서
오늘도 사랑을 찾아
그렇게 헤매고 다닌다

미 련

누군가가 그리울 땐
노래를 불러요
숨이 멎도록 그리울 땐
바다로 가요

하늘은 눈이 부셔
쳐다 볼 수가 없어요
푸른빛 바다를 보면
그리운 이 저만치서
날 향해 손짓 하죠

넓은 바다 위에
은빛 파도 넘실거리고
하늘엔 갈매기 떼
그림을 그리죠

임 그리워 울던 가슴
물결위로 던지고
눈을 감고 기도하죠
행복하라고
제발 너만은 행복하라고

그대 가슴 깊은 한숨
이제는 떨쳐버리라고
그리고 다짐 하지요
이제는 생각 말자고

사랑의 조건

내가 사랑하는 사람은
슬픔도 괴로움도 없어서
늘 좋은 날만
되었으면 합니다

내가 사랑하는 사람은
아픔도 고통도 없어서
항상 건강한 날만
되었으면 합니다

내가 사랑하는 사람은
불행도 낙심도 없어서
언제나 행복한 꿈만
꾸었으면 합니다

내가 사랑하는 사람은
가난도 추위도 없어서
늘 차고 넘쳤으면 합니다

내가 사랑하는 사람은
가슴이 하늘보다 넓어서
이해와 관용으로
자애로웠으면 합니다

내가 사랑하는 사람은
마음이 바다보다 깊어서
내가 알고 있는 사람들까지도
사랑해 주었으면 합니다

그리고
누구보다 나를
많이많이 사랑해 주었으면 합니다

너 가던 날

아우야
눈이 내리는구나
네가 가던 그날도
진눈깨비 뿌렸었지

넌
예고없이 홀연히 떠났지
네가 우슬재를 넘을 때
우린 하염없이 울었지

넌
한줌 재가 되어
고천암 물결위에 뿌려지는데
엄마는 아무것도 몰랐지

그 밤
엄마는 절규했지
내 아들 내 놓으라고

아우야
지금 보이니
남아 있는 자들의 슬픔이
그리고
엄마의 한맺힌 절규가

재 회

머언 서울 낯선 객주에서
우리말 쓰는 이들
아이처럼 웃으며 모여들더니
어느새 정겨웁게 앉아 있네

만호바다 파도소리 들려오고
대흥사의 연꽃이 나부끼네

해남인의 인정은 구수한 별미
해남인의 기상은 백두의 등줄

빛깔 다른 얼굴들이
된장맛을 어찌 알리요

여기 이 낯선 곳에
풋나락과 물감자가
참이슬 향기속에 묻혀 있네

내고향 해남

두말 가웃지기 논
지칭개, 개망초
태초의 낙원 꿈꾸며
울 아부지 육자베기 듣는곳

수정같은 맑은 물도랑
다슬기, 가재
못다한 사랑 그리며
은빛 보석 은하수 흐르는 곳

플라타너스 폐교된 교정
피터팬, 팅커벨
동화속 마법사 꿈꾸며
보라빛 포도 영글게 하는곳

생솔 연기 외딴집
빨간볼, 작은손
꿈속 왕자님 찾으며
새초롬 작은 아기 숨쉬는 곳

꿈에선들 잊으리오

가버린 친구에게

친구야

갯바람이 참 시원하구나
예전에 갯내음을 맡았더라면
너의 손 놓지 않았으련만

하늘이 참 푸르구나
예전에 해맑음을 읽었더라면
긴 밤 지새우지 않았으련만

새싹이 참 예쁘구나
예전에 들풀을 찾았더라면
감성 메마르지 않았으련만

소리는 참 감미롭구나
예전에 귀가 열렸더라면
너를 만남이 설렘이었으련만

가을은 참 시리구나
예전에 쳐다볼 수 있었더라면
외로움에 떨지 않았으련만

씨앗이 참 탐스럽구나
예전의 열매를 보았더라면
너와나 하나될 수 있었으련만

친구야
가버린 나의 친구야

오늘은 별이 참 좋구나

만남, 그리고 이별

만남은 이별을
이별은 만남을
전제로 하는 것을
오늘도
반쪽을 찾아 헤맨다
어느 하늘 아래
모르는 누군가를

창을 두드리며
영화속에 로맨스를
흉내 내려 한다
때로는
타이타닉에 연인처럼
사랑을 하고파
부질없는 꿈을 꾼다

흙이 되어야만
끝이 나는 사랑이기에
오늘도
우리는 서로에게
생채기만 남긴다

너

서산으로 노을이 지고나면
네 모습 다시 볼 수 없더라도
너를 잊을 수 없다

빛으로 여는 아침이면
너와 이별 한다 해도
너의 모습 영원하다

바람부는 아침이면 너의 하모니를
눈내리는 밤에는 너의 속삭임을
비님이 오시는 밤에는

아 이 세상이 오늘뿐이래도
너와 함께하는 시간은
내 생애 가장 큰 선물이어라

보고 싶어

보고 싶어
눈가에 이슬이 맺히거든
이른 봄
녹아내리는 눈처럼 흘러 내려 보세요

그리워
너무 보고 싶거든
한여름
흐르는 물소리만큼 소리 내어 울어 보세요

그리워 그리워서
가슴이 타들어 가거든
늦가을
단풍처럼 물들어 버리세요

한없는 그리움에
그대 모습 가물거리거든
풀섶 스치는 바람에게
살짝 아주 살짜기 물어 보세요

그래도 그 모습 그리울 땐
그냥 눈을 감아 버리세요

그대 모습

영원히 가슴속에 남아 있도록

그대는

지금은 어느 곳에서
낯선 이와 마주앉아
무슨 얘기하고 있나요
그대는

스산한 바람은
외로움에 그림자 두고 가는데
어디에 머물러 있나요
그대는

어슴푸레한 하늘은
굵은 빗방울로
무언가를 내리치려 하는데
지금 누굴 기다리고 있나요
그대는

오늘 하루만이라도
그대 마음
곁에 두고 싶은데
그대는
알 수 없는 미지의 세계에 있나요

그리움

아플 줄 알았다면
사랑하지 않을 것을

조건 없이 사랑하고
다 주고 싶었는데

더 이상 볼 수 없음에
슬픔으로 주름진다

남겨진 추억은
남은 자의 몫이다

울어서 볼 수 있다면
나의 영혼
사그라져도 무방타

외로움

수많은 인파 속에서
혼자임을 느낄 때
소리치고 싶다

철 지난 모래사장에
비취파라솔이 서 있을 때
누군가를 부르고 싶다

끝나버린 축제에
현수막이 찢겨져 있을 때
가슴속 아픔을 느낀다

막 내려진 공연장에
환청의 독백이 들릴 때
코끝의 찡함을 경험한다

그리고
새빨간 단풍을 보며
난
가슴시린 외로움을 느낀다

별똥별

해 떨어지면 달 나온다
너는 내 가슴속 별이 된다

네가 우수수 쏟아질 때
내 가슴은 찢기어 나간다

순간의 중심을 잃고
난 또 그렇게
너를 찾아 헤맨다

알 수 없는 무지의 기억속으로
또한 너의 기억속을 헤맨다

궤도를 이탈한 너는
나의 슬픔도
나의 후회도
나의 용서조차도
무참히 외면한체
미처 말릴 겨를도 없이
그렇게 떨어져 나간다

부르면 눈물 먼저 나는 이름

보고 싶은 나의 아우야!
지금 이곳은 네가 가던 그날처럼 비가 내리고 있다
새로 돋아난 연초록 잎을 아름 가득히 안았던 은행나무는
노오란 눈물을 뚝뚝 떨구며 스치는 바람에 몸을 맡긴 체
이별의 아픔을 온몸으로 받아들이며 서 있다
이 비가 그치면 앙상한 뼈대만 남은 채로 세찬 눈보라에 맞설
나무의 고통을 아는지 모르는지 무심한 비님은 그칠줄 모르는구나
바람은 마치 너의 영혼이라도 되는 양 창을 두드리고
비님은 너의 소식을 전해주기라도 하려는 듯 내 귓가를 맴돌고 있다

사랑하는 나의 아우야!
이제 며칠이 지나면 너를 만나러 갈 수 있겠구나
스물 여덟, 네가 간 후 너의 빈자리가 얼마나 크게 느껴지든던지

안타까운 나이에 한마디 예고도 없이 네가 우리 곁을 떠났을 때

아무런 준비도 하지 못한 우리들은 눈물조차 흘릴 수 없었단다

다시는 올 수 없는 길을 떠나는 너에게 작별 인사도 제대로 하지 못한 체

그렇게 보낸 후 지나온 세월은 끝이 없는 터널로만 이어질 것 같았는데

세월이 약이라는 유행가 가사처럼 그렇게 흘러 가더구나.

꿈속에서라도 꼭 한번 너를 보고파 했던 숱한 나날이 어느덧 9년.

너의 육신이 한줌 재가 되어 고천암 바다위에 뿌려진 후에야

네가 갔음을 알게 된 엄마의 절규는 우리들 가슴에 또 하나의 피멍을 만들었지

너의 사고를 듣고 허겁지겁 달려갔을 때는 눈물조차 흘릴 수 없었다

억울함으로 가득했던 마지막 너의 모습을 지울 수 없어
너의 억울함을 벗겨 줄 수 없는 나 자신이 한없이 초라하고 미워서
3년이란 세월을 죄책감과 안타까움으로 의미 없이 보내 버렸다
하지만 아파하고 있을 수만은 없었기에
가버린 너보다 남아 있는 자들이 더 소중하기에
아니, 네 몫 까지 살아야하기에 긴 터널을 박차고 일어 설 수 있었다

그리운 나의 아우야!
너를 그렇게 보내고 생각해보니 너에게 해 준 게 하나도 없더구나
30여년을 함께 했으면서도 사랑한다는 말 한마디 해 본적이 없더구나
너도 알고 있었겠지만 그렇다고 너를 사랑하지 않거나 믿지 못했던 건
결코 아니었다

단지 사랑한다고 얘기하지 않아도 될 만큼 너를 믿었기 때문이었다

진정 사랑하는 사이라면 굳이 말하지 않아도 느낄 수 있으리라 생각 했다

사랑에 대한 믿음이 약한 자들이나 입 밖으로 끄집어 내어 표현할거라는

나의 생각이 잘못되었음을 알았을 땐 이미 늦었더구나

내가 너를 얼마나 믿고 의지 했었는지를 알고난 후 나의 슬픔은 수렁에서

헤어나질 못할 것만 같았었는데 살아있음에 감사를 보내게 되더구나

꿈속에서라도 만나고픈 나의 아우야!

이제 한 달 후면 네가 그리도 아끼던 막둥이가 결혼식을 올리게 된단다

아직도 부모님에겐 어린애로만 보이는 그 아이가 아내를 맞아

한 세대를 이루며 가장이 된다는 게 조금은 못미덥지만 그래도 이 세상에서

가장 행복한 부부가 되었으면 하는 게 우리 모두의 바램이란다

또한 부모님께도 더 할 나위 없는 아들 며느리, 형제간의 우애도

소중히 여길 줄 아는 그런 부부로 살아가 주길 빌 뿐이란다

물론 처음부터 모든 걸 잘 할 수는 없으리라.

생면부지 남남이 만나 가정을 이루고 거기에 따르는 어려운 일들이

한두가지가 아니겠지만 우리 모두가 한마음으로 도와준다면

누구보다도 의젓하고 믿음직스런 부부가 되어 주리라 믿는단다

먼 훗날 여유가 생길 때 쯤이면 지나온 세월의 두께 만큼이나

서로에 대한 사랑과 관심으로 애틋함만 더해가게 되리라 믿고 싶구나

추억속에 가두어진 나의 아우야!

지금 속삭이듯 들려오는 너의 음성을 잡아 두고파 이 글을 쓴다

까닭 없이 내리는 비는 나의 마음을 자꾸만 우울하게 만들고 있다

이제 머지않아 진눈깨비 뿌리는 날이면 창밖엔 어김없이 네가 서 있으리라

가슴 후미진 곳에 감추어 잠재워 두었던 너와의 추억을 떠올리며

또 긴 밤을 하얗게 지새우는 못난 누나가 되겠지

부르기만 해도 눈물이 나오는 너의 이름

이제는 나의 가슴속 아픔을 내려놓고 너에게 꼭 이 말을 해주고 싶구나

'사랑 했었다, 내 자신 보다도 너를 더 많이 사랑했었다'

나의 편지를 받고 즐거워 할 너의 모습을 떠올리며 누나가

새해 소망

흰세상에 묻혀 한달여
을유년 365일이 가고
병술년 새날이 다가와
젊음을 밀어내고 있다

내 나이 마흔 다섯
타인보다 많지않은데
다정히 지내던 이들
내 생에서 뛰쳐나갔다

을유년이 가고
새 햇살이 찾아와
새 세상이 열렸으니
하늘이 맑아 보였으면

나 애인들과 하직했듯
아픔 좌절 모두 멀어져
비개인 가을 하늘처럼
날마다 푸르렀으면

욕 심

- 일림산 철쭉

세속을 걷고 걸어
천상에 오르나니
이승의 번뇌 덩어리째 꿈틀거린다

속세의 검은 때 떨구고자
좌우 사방 둘러봐도
차마
그 찌꺼기 내릴곳이 없다

선명함으로 타오른 붉은 향연
침묵으로 쏟아낸 핏빛 잔치

백만평 천상화원
나, 너의 주인이고픈데
감히
그 영역을 침범 할 수 없음이랴

가슴앓이로 시린 밤이 멀어지면
기억조차 바닥난 나이테에
오늘, 이 욕심이
더러운 아집으로 앉아 있겠지

부질없는 기도

손 모아 기도한다
이곳에 없는 이를 위하여

할 말이 너무 많아
두 손 모았건만
무슨 말을 어떻게 해야 할지
내 머리 속은
수수깡이 되어버린다

이승을 떠나
이곳에 없는 너이기에
다만 눈물이 흐를 뿐
아, 벌써 새벽은 밝아 오는데

업당에 엎드려

자비로우신 부처님!
저 들녘에 피어나는 꽃들에게
부처님의 가피로 탐스러운
열매를 영글게 하시고
촌부의 땀 내음과
가슴속 한을
자비로 씻어주시어요

자비로우신 부처님!
은빛 바다 위를 파닥이는
작은 치어를 보살펴 주시고
갯바람에 검게 그을린
통통배의 가엾은 어부를
항상 기억해주시어요

자비로우신 부처님!
홀로 외로이 먼 길을 가는 이와
함께 하여 주시고
이 세상에 와서
홀로이 떠나가는 이에게
이승의 미련에서 벗어나
극락으로 향하게 하시어요

오오, 자비로우신 부처님!

내 생애 가장 큰 선물

예수님이 태어났다는 그 시각
나 또한 이 세상에 홀로이 와서
부모님의 사랑으로 자라나
한 남자의 아내가 되었으며
이제는 두 아이의 엄마가 되어
이 글을 쓰노라

사랑하는 나의 사람아
내 생애 가장 큰 선물은 당신이었소
당신은 나의 생명이며
또 하나의 태양이었소

어느 날 갑자기 이 목숨 다하여
당신 곁을 떠나더라도 슬퍼하지 마오

누구나 이별 하는 것
단지
당신과 영원히 함께 할 수 없음에
우리 다시 만날 언약은 못하지만
그대 웃으면서 날 보내주오

사랑하는 나의 당신이시여!
삼백 육십 오일 당신의 향내를
일 년 열두 달 당신의 음성을
춘하추동 변함없는 당신 모습

이제 당신 옆에 나 없더라도
내가 사랑했던 모든 사람 잊지 말고
그대가 사랑으로 보살펴 주오

사랑하는 나의 님이여!
나 당신을 영원히 사랑하리니
이제 그대는 날 잊어주오
내가 당신 곁을 떠났듯이
당신도 날 잊고 행복하게 살아주오
다만
내가 사랑하던 이들은
그대 영원히 사랑해 주오

내 생애 가장 큰 선물은 바로 당신

부끄러운 기도

생각 했습니다
갓 태어난 아이처럼
맑은 눈동자를 갖겠다고

다짐 했습니다
백의천사 나이팅게일처럼
많은 이를 사랑하겠다고

기도 했습니다
석간수 올리는 동자승처럼
세상 아픔 다 물러가라고

하지만
이 모든 것을 바라기엔
내 자신이 너무 부끄럽습니다

성불(成佛)의 백일암

우슬재 너머 만대산 끝자락에
무형의 연꽃향내 나풀거리면
소박한 정(情)이 합장을 한다

갯바람에 떠돌던 눈물영혼
차마 놓지못한 이승의 가쁜 번뇌(煩惱)
감로(甘露)의 신령함으로 숨결 고르노라면

사그라지던 푸른 청춘
하늘거리는 촛농으로 피어올라
세상 가득 오색빛 그네를 띄운다

고즈넉한 빗문살에 노을빛이 돋으면
중생의 온갖 망상(妄想) 풍경(諷經)에 묻히고
억겁(億劫) 목탁음 좇아 새날이 밝아온다

검푸른 기왓장 위로
자비의 웃음소리 구르는
햇살보다 따스한 성불(成佛)의 백일암이여

닭장차

순간 아찔했다
앞지르기 하는 형상 괴이한 자동차
아파트를 옮겨 실은 듯

칸칸이 채운 날개 잃은 것들이여
밖을 내다보는 넘
날갯짓을 해 대는 넘
고개를 떨어뜨린 넘

허기진 사람들
너희를 튀기고 삶아서
뜯는 먹이사슬

너, 이승에 왔을
벅찬 환희와 즐거움은
기껏 모래주머니가 되었더란 말이지

탐욕이 지배하는 세상의 물결에는
숨소리조차 숨겨야하는
생(生)이란 원래 그런 것이더란 말이지

땅끝에 서면

땅! 땅! 땅끝 그곳에 서면
끝이 아니고 시작이라며
에메랄드빛 물결을
서슬 퍼런 파도로 매도하며
면죄부를 받고자 이용치 말라

땅을 파고 살아도 살아도
끝이 어디멘지 보이지 않는데
에헴 헛기침으로 수염 다듬고
서에서도 동에서도 두손 비비며
면상(面上)에 굉기한 웃음만 흘리면 끝이다더냐

땅짚고 헤엄치기 하면서
끝도 없는 수수께끼는 나 아닌 네 탓이라
에, 그러면 못쓴다
서민들 가슴을 후집어 생채기를 가할려면
면상(麵末) 겹겹이 깔린 쇠붙이가 버겁지 아니하냐

땅에서 살지만 땅이 낯설기만 하여
끝 부러진 송곳으로 관망하는 자들아
에워싸기 이제 그만하자
서홉에도 닷홉에도 참견하느라
면상(免喪)도 못한체 면사포 쓰고 있음이 우습지
아니한가

땅덩어리 좁은 나라에서
끝이 없는 논쟁을 언제까지 하려는지
에라이~ 이 사람들아~
서말장대 거칠것 없는 서민은
면면(綿綿)히 이어져 온 업보라더냐

땅끝에 서거든
끝자락에 떠 있는 작은 섬을 향해
에, 시원하다. 너도 시원하냐 묻지를 마라
서낭당에 돌 던질 기력도 없고
면천받을 악행도 기억도 없느니라

땅 꺼지는 좌절로 땅을 칠 일이 한둘이 아니거늘
끝이 나지 않을 경제위기는 어찌하란 말이냐
에이 싫다 이제는 정말 믿을 수 없다
서에서 동으로 자전하는 지구가
면포(綿布)로 해와 달을 감췄다한들 믿을소냐

땅끝은 아무 대가도 바라지 않는다
끝이 아닌 시작인 곳이기에
에미의 가슴으로 고맙다 미소로 답하며
서성이는 손 머무는 손
면상육갑(面上六甲) 보듬으며 그려 담고 있을 뿐이다

땅을 담보로 달콤한 삶을 논하지 마라
끝이 날카로운 새의 부리만 남아
에서런 달빛만 탄하다 이름대신 번호표를 차고
서글픈 눈빛, 풀린 걸음으로
면회소를 드나듬이 안쓰러움으로 헉헉거린다

땅속에라도 숨고픈 맘 굴뚝같지만
끝내서는 아니되는 목숨줄 뻣긴 처절한 삶
에, 그게 언제였던가 맘껏 웃어 보았던 날이
서출이라 박해받던 홍길동이 부활하면
면화(面話) 밭에 땅! 땅! 총소리 나겠다

땅이 메말라 갈라진만큼 가슴은 숯덩이 되는 것을
끝내 합의점을 찾을 수 없는 사회는 공수거공수레라
에라 모르겠다 옴막 다 잊고 술이나 마시세나
서까래 기둥이 타든 말든 기와가 뛰든 날든
면전 주안상 두드리며 육자배기나 한마루씩 부르세나 그려

땅끝에 서면은
끝이 아니고 시작이라함이 참인지 거짓인지
에마리오~~ 길손
서술형으로 답해 주오
면밀히 따지고 답할 열의도 사라진지 오래이니

제3부

세월

봄날의 추억

소리 없이 찾아온
봄소식 탓일까
달빛보다 환한 얼굴에
상아처럼 빛나던 하얀 이

다가가도 닿을 수 없는
지척의 그림자
떨어지는 꽃잎 사이로
너의 얼굴 겹치는데

아
정녕 너는 잊었느냐
참꽃 따던 추억을

참꽃처럼 피었다가
꽃잎처럼 떨어져 버린 너는
참꽃이었나

오늘도 참꽃은 흐드러져
너를 기다리는데
정녕 올 수 없는 거니?
너는

세 월

어젯밤 꿈속에서 만난 님은
그 옛날 까까머리 그대로인데
오늘 아침 거울 속엔
낯선 사진이 들어 있네

처진 눈꺼풀
생기 없는 눈동자
혈색 잃은 굴곡들

지난날 푸른 꿈은
세월 속에 묻혀 흔적 없고
세상 온갖 시름 짊어진
지친 나의 영혼이여

지우개로도 지울 수 없는
후회의 자국만큼
나 늙어 가고 있네

철 새

산 넘고 물 건너
갈바람 따라 찬 바람 피해
보금자리 찾아온 철새는
수십만의 화음으로 노래하고
수백번의 날갯짓으로
군무를 펼친다

침묵으로 관망하는 강물과
대답없는 갈대를 향해
오늘도 그렇게
화합의 손짓을 보낸다

님의 넋 품은 바다는
허공속으로 한숨을 뿌리고
삭혀지지 않는 나의 그리움은
불타는 노을속으로 묻힌다

그칠줄 모르는
날갯짓에 지친 갈대는
바람을 일으키는데
나의 서러움은 뉘라서
삭혀 줄꼬

바다는

오늘도 말이 없다
저기 멀어져가는 배를
나무라지 않는다
다만 파도만 소리칠 뿐

바다는 추억을
그리워하지 않는다
가버린 이들을
원망하지도 않는다

제 살을 갈기갈기
아낙들이 찢어도
조개들이 제 피를
다 빨아먹어도
침묵만 지키고 있다

속없는 바닷물이
밀려왔다 밀려가고
물새들이
슬피 울든 말든
오늘도
그렇게 잠만 잔다

고천암에서

넘실대는 파도에 갈매기 춤추면
잊혀져가는 그리움에 숨이 막힙니다

그리워 그리워도 되돌릴 수 없는 추억
그 옛날 그 자리엔 낯선 이가 앉아 있고
철지난 갈대들만 바람에 흔들립니다

스물 여덟 피 끓던 청춘
두려울 게 없어 보이던 패기와 기백
여기 이 자리는 그대로인데
그 사람의 모습은 보이지 않고
약속한 철새들만 날아오릅니다

오늘은 섣달 열 이틀
잊혀진 이 다시 생각나
내 가슴에 내가 흘러내립니다

고천암 그리고 대섬

고천암에 바람 불면
갈매기 노래하고
대섬에 물결치면
반딧불이 춤추네

고천암에 눈 내리면
내 가슴에 비 내리고
대섬에 바람 불면
내 가슴엔 눈보라 치네

고천암에 갈매기 날면
임의 영상 떠오르고
대섬에 왜가리 슬피 울면
임의 추억 다가오네

고천암에 갈매기
서럽게 울면
나의 두 뺨 위엔
피눈물 흐르네

봉숭아

비개인 신새벽
봉숭아 꽃잎에
보석이 맺혔다

무심코 눈 맞추다
허거덩덩
숨이 멎었다

간밤 소나기에
제살 헤지는 아픔
입술 깨물며
지켜낸 몸뚱아리

찢어진 꽃잎
차마 떨구지 못한
선홍빛 눈물방울

4월 스케치

자작나무 밑 고사리가
정금나무 사이 취나물이
자꾸만 부름은
희망이 꿈틀거림 때문이라

무잎에 눈동자 고정됨은
상춧잎이 이쁘기만 함은
보리로 피리를 불고픔은
푸른 소망이 남아 있음이라

먼곳에 낯익은 얼굴이
아스라이 구르는 음성이
자꾸만 자꾸만 생각남은
너무도 싱그런 계절 앞에서
나 행복을 꿈꾸고 있음이라

이 가을엔

이 가을엔 누군가를 만나고 싶어요
첫 만남의 설렘도
이별의 아쉬움도
희미해져 기억 없는 누군가를

이 가을엔 어디론가 떠나고 싶어요
정처 없이 흐르는 냇물처럼
흔적 없이 사라지는 한줄기 바람처럼
소리 없이 미지의 그곳으로

이 가을엔 목청껏 소리치고 싶어요
불타는 산등성이 그 정상에서
온 가슴 목이 터지도록
소리 내어 누군가를 부르고 싶어요

이제는 잊혀진
누군가의 그 이름을

가을이 다시 오면

가을이 다시 오면
메밀꽃 같은 미소로
그대 보러 가렵니다

구절초 다시 피어나면
이름 없는 야산에 올라
그대 이름 부르렵니다

단풍이 다시 물들면
노을빛 립스틱을 바르고
그대 마중 나가렵니다

그대 미소 볼 수 없고
그대 음성 들을 수 없어도
그대 기다리렵니다

가을이 다시 오면
국화꽃 가득 안고
그대를 꼭 만나렵니다

겨 울

그리움에 지쳐
황량함이 밀려오던 날

낙엽 태우며 다가와
가슴에 둥지를 틀더니

어느 날 문득
성깔 사나운 친구 불러
살을 찢기는 아픔주다가

백색 추억 만들며
골난 마음 달래주려 하더니

풀지못할 수수께끼와
얼음꽃 한송이 남겨둔 채
홀연히 가려하는 너

12월은

사노라면 우울한날이 있지요
이유없이 울컥하는 마음에
나도 모르게 눈물이 흐르는 것을

이렇게 비님이 오시는 날이면
내 안에 그리움 걷잡을 수 없어
눈물겹도록 가슴이 아파 오는 것을

사는 게 무엇인가 싶을 때
인생이 부질없음이 실감날 때
어떤 그리움이 밀물처럼 파고들 때
우울함속으로 빠져 듦을 느끼지요

사랑하는 사람들과
이승에서 누리는 즐거움이
행복인지 불행인지는 알 수 없지만
우리는 그 짧은 순간들을 위해
긴 투자를 한다고 생각 하지요

내가 이승을 다하고 떠나는 날
진정으로 날 위해 울어줄 이가 있을지?
영원히 이승에 남아 있을 수 없기에
저승으로 가는 길은 순서가 없기에
12월은 더욱 더 우울해만 지지요

제4부

시집 평설

■ 시집평설

과거·현재·미래의 세 詩域 공간화

박진환
(문학평론가·문학박사)

1. 前提

과거세는 불교적 개념으로 미래세에 대응되는 개념이지만 현세와도 대칭되는 개념이다. 전자적 개념인 전생과 후자적 개념인 가버린 세계는 달리 지적하면 현실·미래공간과 대응되는 과거의 공간이 되게 된다.

그 때문에 과거세인 가버린 날들이 있기 마련이고, 가버린 날들을 장식했던 유년이나 추억·사랑이나 고향이 있기 마련이다. 時不再來란 말이 있다. 한번 가버린 세월은 다시 돌아오지 않는다 함이니 과거를 두고 하는 말이다. 그래서 시간적으로는 가버린 시간들이나 가버린 날들이 되고 공간적으로는 현재의 저쪽 공간이 되기 마련이다.

가버린 세월이나 시간으로서의 과거세는 그래서 두고온

세계나 공간이 될 수 있고, 다시는 돌아갈 수 없는 유년이나 추억·사랑으로 점철되기 마련이게 된다. 현재는 과거와 현재·미래를 잇는 한 지점으로서의 중간대 쯤이 되게 된다. 주어진 지금을 기점으로 지나온 시간은 과거, 앞으로 나아가야 할 시간은 미래가 되는 그런 중간지점을 현재라고 할 수 있다. 그래서 과거와 미래는 존재하는 것이 아니고 존재했던 것과 존재할 수 있는 것일 뿐 현재만이 존재하는 것이 되게 된다. 바꾸어 말하면 과거와 미래는 현재의 일부일 뿐이게 되는 이치를 성립시킨다.

미래란 앞으로 다가올 시간이거나 공간으로서 과거가 되돌아 본 것에 비해 미래는 내다보는 전망이 되게 된다. 그 때문에 미래는 희망이 되어주기도 하고 돌진함으로써 가닿는 새로운 공간이 되어주기도 한다. 미래가 현재의 연장이기보다 현재가 거는 새로운 삶의 돌진이 되어주는 것은 이 때문인데 미래에 생을 거는 미래지향을 추구하는 것 또한 이 때문이다.

미래에 거는 기대나 희망, 그것은 현재에서 이룩하지 못한 꿈이거나 오래 품고 길러왔던 所望思考를 실현하고자 하는 새로운 삶에의 돌진이 될 수밖에 없게 된다.

해석이야 어떻건 과거와 현재와 미래를 각기 다른 시각과 육성으로 교향해 내는 시적 삼중주를 들고 나온 시인이 있다. 시집 『그리움도 사랑이다』에 이어 두 번째로 내놓은 이외단 시인의 시집이 그러하다. 시집 『땅끝에 서면』은 과거·현재·미래를 다양한 육성으로 교향해 주고 있는데 그 때문에 세 詩域이 제시되고 있다. 제시된 시역을 시를 제시, 구체화했을 때 이외단 시인의 시집 『땅끝에 서면』의 세계랄까, 본태는 드러날 것으로 본다.

2-1. 과거세의 시편들

과거세는 가버린 세월 저쪽의 세계이므로 뒤돌아보는 회상공간이 되게 된다. 그 때문에 과거에 경험한 일을 再認感情으로 재생하기 마련이게 되고 재생을 위해서는 상상력이 개입하기 마련이다. 상상력의 시적 역할이 이미지를 재생하고 재생해서 결합했을 때 비유가 성립되고 그리하여 종국에는 통합적 마술성으로 작용한다는 것은 익히 알고 있는 바들이다.

상상력이 자연이 결합시켜놓은 것을 해체하기도 하고, 해체시켜 버린 것을 재결합하기도 하는 정신적이고도 내면적인 힘으로 작용하는 능력이 곧 시에서의 통합적 마술성으로 작용하는 시적 능력과 같게 된다.

再認感情과 상상력의 상보적 관계에서 이루어지는 유추성이나 유추를 통해 결합되는 결구력에 의해 시는 탄생하게 되고 탄생된 시에는 그 때문에 고스란히 과거의 여러 경험들이 들어있기 마련이게 된다. 이외단 시인의 과거를 회상하는 시도 예외는 아닌 것 같다. 그것은 과거를 형상화한 시편들이 예외 없이 재인감정을 통한 과거의 재생과 상상력에 의해 재생된 과거의 경험들이 새로운 결구력에 의해 시로 탄생되고 있음을 보여주고 있기 때문이다. 시를 제시 했을 때 이해를 도울 것으로 본다.

가) 저별은 나의 별
저별은 너의 별
새벽별이 뜨기도 전에
새날이 밝아 왔었다

그때 함께했던 소녀들은
먼 옛날의
동화속 얘기가 되어
유년의 기억 속에서 웃고 있다

밤하늘에 작은 별이
별똥별로 떨어질 때
꿈으로 가득했던
그 소녀들도
별똥별이 되어 흩어졌다

나) 아플 줄 알았다면
사랑하지 않을 것을

조건 없이 사랑하고
다 주고 싶었는데

더 이상 볼 수 없음에

슬픔으로 주름진다

남겨진 추억은
남은자의 몫이다

울어서 볼 수 있다면
나의 영혼
사그라져도 무방타

다) 두말 가옷지기 논
지칭개, 개망초
태초의 낙원 꿈꾸며
울 아부지 육자배기 듣는 곳

수정같은 맑은 물도랑
다슬기, 가재
못다한 사랑 그리며
은빛 보석 은하수 흐르는 곳

플라타너스 폐교된 교정
피터팬, 팅커벨
동화속 마법사 꿈꾸며
보랏빛 포도 영글게 하는 곳

생솔 연기 외딴집
빨간불, 작은손

꿈속 왕자님 찾으며
새초롬 작은 아기 숨쉬는 곳

꿈에선들 잊으리오

예시는 가)는 「유년의 추억」 일부이고 나)는 「그리움」의 일부 그리고 다)는 「내 고향 해남」의 전문이다. 가버린 날의 저쪽의 회상공간, 그래서 거기에는 추억이 있고, 추억을 더듬어 그리는 그리움이 있고, 그리움을 배태시키고 키워주는 고향이 있기 마련이다. 유년과 추억과 고향은 이런 소의로 해서 같은 뿌리에서 태어난 여러 모습과 같게 된다.

지나가버린 생활을 즐기는 것은 인생을 두 번 사는 것이란 누군가의 말이 떠오른다. 가버린 날을 즐기는 것, 그것은 지난날들이 아름다웠기 때문이고, 아름답기에 추억하는 것이 아니겠는가. 시인의 경우도 예외가 아닌 것 같다. 그것은 시행이 말해주듯 밤하늘의 별을 헤며 꿈을 나누고 키웠던 '먼 옛날'이 아름다웠기 때문이고, '동화속 얘기가 되어 / 유년의 기억 속에서 웃고 있는' 가버린 그날이 있기 때문이다. 그러나 지금은 '그 소녀들도 / 별똥별이 되어 흩어져' 버림으로써 추억이 되어버렸고, 추억이 되어버림으로써 그리움을 수반하게 된다.

예시 나)는 추억이 수반하는 회상적인 그리움을 담고 있다. '아플 줄 알았다면 / 사랑하지 않을 것을'이란 전제가

말해주듯 이루어지지 못한 사랑에 대한 '아픔', '슬픔'만이 남은 자의 몫인 추억으로 남겨졌음을 아파하는 시다. 옛분들이 즐겨 썼던 相思一念이나 日但相思와 같은 오직 임 그리는 마음이나 마음으로 그리는 상사가 그러하지 않았을까.

유년이나 추억의 공간으로서의 옛 속엔 고향이 있기 마련이다. 예시 다)는 바로 그러한 고향을 노래한 사향가다. 작은 농토를 일구시며 아버지가 부르시던 육자배기를 듣던 곳, 수정같이 맑은 물에서 다슬기며 가재를 잡던 곳, 플라타너스가 싱그러운 폐교된 옛 모교, 생솔가지 연기 피워올리던 외딴집이 있던 곳으로서의 고향은 유년이 살아 숨쉬는 곳이요, 추억이 서려 있는 그리움의 본적지로서의 고향이다. 시인이 노래한 과거세의 시편들이 보여주는 유년의 추억 · 그리움 · 고향 등은 각기 그 모습들을 달리하고 있으니 과거세라는 한 뿌리에서 태어난 여러 모습과 같게 된다.

2-2. 현실공간의 시편들

과거세의 시편들이 회상성 유년이나, 추억 · 그리움이나 고향을 발상기저로 하여 교향되고 있다면 현실공간의 시편들은 현전 · 현존 · 현실의 당면을 공간으로 교향되고 있다.

그 때문에 오늘이 있고, 오늘을 통한 당면으로서의 현실이 있기 마련이다. 과거나 미래가 회상성, 지향성인 것에 반해 현실은 그저 현실 자체 속에 있게 되는데 참된 것은 현실 속에 있다고 했던 헤겔의 피력은 설득력을 얻고 있다.

해석이야 어떻건 시부터 제시해 본다.

가) 아침이면
빨래를 하다말고
누군가를 생각합니다
비누의 거품처럼
사라져 버린 누군가를
비누 향기로
나에게 와달라고
가게 문을 열며
다짐 합니다
제발 오늘만은
웃으며 즐거워해야지
누군가를 만나면
상냥하게 웃어야지

우리는 무언가를 그리워하고
또 무언가를 아쉬워합니다
제발 오늘 하루만은
향기로 가득 채우는
그런 날이고 싶습니다

나) 오늘도
하늘 위엔
오리들의 군무가 펼쳐진다

묵은 논배미엔
참새들의 합창이 시작되고
밤을 지새우며 한을 내 뱉던
소쩍새는 잠든지 오래다

제비는 강남에서 돌아오고
푸른 바다 위엔
물새가 파도타기 한다

지구는 만물들의
터전으로 거듭나고
모든 생명체들은
제 흔적 남기기에 여념이 없다

오늘도 난
홀로이 그들을 보고 있다

다) 이기주의로 팽배해진 사회
끝이 없는 수렁으로 빠지는 경제
하지만 지친 어깨 서로 기대며
지하로 내려가는 기차에서
새벽으로 향하는 비행기로
바꿔 타보고 싶습니다

하면 된다는 선인의 뜻 믿으며
내일의 평온함을 위해

가슴 가득 희망의 꽃등을 달고
오늘의 최선을 다하고자 합니다

가을 산의 화려함보다도
황금 들녘의 오묘함보다도
더 위대한 인간이기에
우리의 미래는 행복만 있을 뿐입니다

예시 가)는 「오늘은」의 일부이고, 나)는 「생명」의 전문, 그리고 다)는 「첫날의 설레임」의 끝부분이다. 각기 발상도 대상도 달리하고 있으나 하나의 공통분모가 있다. 예시 가)에서의 '제발 오늘 하루만은' 이나 나)에서의 '오늘도', 그리고 다)에서의 '오늘의' 등이 보여주고 있는 '오늘' 이라는 시어는 시적 배경이나 발상, 그리고 뉘앙스는 달리하고 있으나 과거나 미래와는 달리 '오늘은 분명코 우리에게 허락된 단 하나의 확실한 소유물'이라는 토머스의 말을 상기할 만큼 소유 자체라는 동질성을 지니고 있다. 그것은 현실 또한 '오늘'이 허락되고, 허락과 함께 소유되었을 때만이 현실은 존재할 수 있고, 존재 이유를 성립시킬 수 있기 때문이다.

예시 가)에의 오늘은 하루를 열고, 열어 향기로운 날, 곧 행복한 하루가 되기를 소망하면서 여는 하루로서의 오늘이다. 달리 지적하면 '오늘'은 곧 '현실'과 등가성을 갖는 살아있는 생명으로서의 오늘이다.

예시 나)는 그래서 역동하는 하루의 생명성을 노래하고 있다. 살아 움직이는 '오리들의 군무'가 그러하고, '참새들의 합창'이 그러하며, '제비는 강남에서 돌아옴'이 그러하고 '모든 생명체들은 / 제 흔적을 남기기에 여념'이 없는 약동하는 생명 현장으로서의 오늘 곧 현재가 그러하다. 현재를 일부는 미래, 다른 것은 과거가 되는 것으로 보는 시각 또한 현재만이 살아있는 생명감을 지닌 것으로 인식한 데서 오는 판단이다.

예시 다)에서 보여준 미래지향적 '새벽으로 향하는 비행기도 / 바꿔 타보고 싶다'든지, '내일의 평온함을 위해 / 가슴 가득 희망의 꽃등을 달고 싶다'든지, '우리의 미래는 행복만 있을 뿐'이라고 내일에 거는 기대가 단순한 소망사고가 아닌 '오늘에 최선을 다하고자' 하는데서 비롯되고 있음을 보여주고 있기 때문이다.

예시들이 보여준 '오늘'과 오늘을 통한 내일에의 지향 등은 각기 그 표현은 달라도 다같이 현실을 중시하는, 현실에의 충실을 말해준 것이 된다. 끝으로 남은 하나가 미래지향의 시편들이다.

2-3. 미래지향적 시편들

현재가 있는 한, 현재에 보다 충실하고자 하는 한 미래는 이미 시작된 것과 같게 된다. 그것은 인간의 욕망은 부단히 현재의 밖의 세계를 꿈꾸거나 실현하고자 하는 욕구에서 자유스럽지 못하기 때문이다. 그 때문에 가버린 날들이 아름답듯이 미래 또한 아름다운 비전으로 바람하기 마련이다.

보다 나은 삶에로 나아가고자 하는, 그리하여 새로운 삶에로의 돌진을 서슴지 않는 인간의 욕망, 그 욕망을 지니고 있는 한, 실현하고자 하는 한 미래는 있기 마련이다. 이 외단 시인이라고 예외일 수 있겠는가. 이 부분 또한 시를 제시했을 때 극명해질 것으로 본다.

가) 이른 아침 새소리와 함께
온갖 잡념 잊고 기도하게 해주소서

떠오르는 태양처럼
세상을 밝히는 빛이 되게 해주소서

나를 아는 모든 이들이
한 점 부끄럼 없이 살아가는 사람으로 기억하게 해주소서

한마디의 말, 한 번의 행동도
생각 또 생각하게 해주소서

어제를 후회하지 않고
오늘을 부끄러워하지 않게 해주소서

지난 잘못을 반성 할줄 알고
내일은 같은 과오를 저지르지 않게 해주소서

나) 사랑하는 사람들과
이승에서 누리는 즐거움이
행복인지 불행인지는 알 수 없지만
우리는 그 짧은 순간들을 위해
긴 투자를 한다고 생각 하지요

내가 이승을 다하고 떠나는 날
진정으로 날 위해 울어줄 이가 있을지?
영원히 이승에 남아 있을 수 없기에
저승으로 가는 길은 순서가 없기에
12월은 더욱 더 우울해만 지지요

다) 백년 뒤

이 눈 맞으며
내 발자국 기억하는 사람 있을까

눈 속에 추억 더듬으며
날 그리워하는 사람 있을까

눈위 발자국 새기며
내 이름 석 자 써보는 사람 있을까

먼 훗날 그때 내리는 눈은
깊은 속내까지 하얗기만 하여
가슴속 아픔 삭히는 사람 없어
온통 밝음으로만 넘쳐났으면

예시 가)는 「희망사항」의 일부이고, 나)는 「12월은」의 일부, 그리고 다)는 「백년 뒤」의 전문이다. 예외 없이 미래지향적 의지지향이거나 미래에 실현되기를 걸어보는 소망사고, 그리고 먼 훗날을 예견해보는 시편들로 되어 있다.

예시 가)는 일종의 발원을 기도로써 실현되게 하고 싶어 하는 기구를 내용으로 담고 있다. '온갖 잡념'을 잊게 해주기를, '세상을 밝히는 빛'이기를, '한 점 부끄럼 없는 삶을 살아가는 사람으로 기억되기를', '말·행동·생각을 또 생각하게' 해주기를, '오늘도 부끄러워하지 않게 해주기를', 그리고 '내일은 같은 과오를 저지르지 않게 해주기를' 기원하는 기도의 시다.

예시의 소망사고는 다 바람직한 발현들로 되어 있지만 그중에서도 종행 '내일은' 이라는 단서는 그저 단순한 소망사고의 실현기구가 아닌 미래지향적 소망사고를 내포하고 있어 간과할 수 없게 한다.

예시 나)는 1년의 마지막을 보내면서 스스로의 종말을 떠올려 보는, 그러면서 예견해 보는 삶과 삶 뒤의 삶이랄까, 삶에 투자한 생에 생의 의미를 오버랩시켜 보는 설의는 단순한 현생파악만이 아닌 미래의 생애 대한 설의까지를 겸하고 있어 화자의 미래지향을 잘 보여주고 있다고 할 수 있다.

예시 다)는 이러한 미래지향성을 보다 극명히 하고 있는데 시행 '백년 뒤'가 그러하고, '먼 훗날'이 또한 그러하다. 백년 뒤인 사후에도 '내 발자국 기억하는 사람', '날 그리워하는 사람', '이름 석 자 써보는 사람' 있을까라고 설의하고 있는 것은 그러기를 희망한다는 발원을 담고 있는 것이 된다. 그리고 이러한 발원은 백년 뒤에도 살아있는 영생이기를 희구하는 미래지향적 삶과 연계되는 생의 궤적으로 이어진다.

예시들은 이러한 시인의 과거세와 현세는 물론 미래세까지를 시에 담고 있어 세 詩域을 제시해 주고 있는데 이쯤에서 결론은 제시될 수 있을 것으로 본다.

3. 결어

첫 시집 『그리움도 사랑이어라』에 이어 두 번째로 상재한 시집 『땅끝에 서면』은 과거·현재·미래라는 세 시역으로 시의 공간이 설정되어 있다. 그러면서 현실을 중간대로 설정, 과거와 미래를 넘나듦으로써 시역의 광역화는 물론 자신의 삶의 궤적을 그리고 있어 시적 설득력과 신뢰를 획득하고 있다는 점을 결론으로 제시할 수 있을 것으로 본다.

•

이외단 시인은 전남 해남 출생으로 『문학21』·『한맥문학』 시로 등단하였다. 전남문학회원이며 현재 해남문학회 사무국장으로 재임 중이며, 다음카페 해남을 사랑하는 사람들 지기 (http://cafe.daum.net/SODAS)이다. 저서로 시집 『그리움도 사랑이어라』, 『땅끝에 서면』이 있다.

•

땅끝에 서면

2012년 8월 5일 인쇄
2012년 8월 15일 발행

지은이 / 이외단
발행인 / 박진환
펴낸곳 / 조선문학사
등록번호 / 1-2733
주소 · 110-092 서울 서대문구 홍제2동 96-4
대표전화 / 730-2255
팩스 / 723-9373

ISBN 978-89-93614-99-2

정가 8,000원